미소노 글·그림

예쁜 꽃보다 먹을 수 있는 채소를 기르는 걸 더 좋아해요. 잡초를 뽑을 때면 허리가 아프지만, 아무 생각 없이 뽑다 보면 마음이 편안해져요. 늘 사 먹던 옥수수를 주말농장에서 직접 길러 보면서 옥수수의 신기한 생태를 알게 되었어요. 그래서 《옥수수의 비밀》을 만들게 되었답니다. 그동안 쓰고 그린 책으로는 《어서 왜! 장풍아》가 있고, 그린 책으로는 《골고루》, 《푸른이의 두근두근 생태 교실》, 《종합 병원에는 의사 선생님만 있을까?》, 《왕건》 들이 있습니다.

생각곰곰 12
옥수수의 비밀

ⓒ 미소노, 2022
초판 1쇄 인쇄 2022년 4월 7일 • 초판 1쇄 발행 2022년 4월 25일
ISBN 979-11-5836-318-5, 979-11-5836-120-4(세트)

펴낸이 임선희 • 펴낸곳 ㈜책읽는곰 • 출판등록 제2017-000301호 • 주소 서울시 마포구 성지1길 43 • 전화 02-332-2672~3 • 팩스 02-338-2672 • 홈페이지 www.bearbooks.co.kr • 전자우편 bear@bearbooks.co.kr • SNS twitter@bearboook • 만든이 우지영, 김나연, 최아라, 연혜진, 최경후, 곽지원 • 꾸민이 신수경, 김지은, 김세희 • 가꾸는이 정승호, 고성림, 전지훈, 김수진, 이지연, 민유리 • 함께하는 곳 이피에스, 두성피앤엘, 월드페이퍼, 해인문화사, 으뜸래핑, 도서유통 천리마

이 책은 저작권법에 따라 보호받는 저작물이므로 무단 전재와 무단 복제를 금합니다.
이 책 내용의 전부 또는 일부를 사용하시려면 반드시 저작권자와 출판사의 동의를 얻어야 합니다.

옥수수의 비밀

미소노 글·그림

"먹고 싶은 걸로 하나씩만 골라."
오늘은 엄마가 편의점에서 간식을 사 주신대요.
하나만 고르려니 엄청 고민돼요.
형아는 야채호빵을, 나는 진공 포장된 옥수수를 골랐어요.

따뜻하게 데워서 한 입 먹었는데……
어? 여름에 먹던 그 맛이 아니에요.

따뜻한 봄이 왔어요.
나는 옥수수 씨앗을 사 와서 베란다 화분에 심었어요.
옥수수는 알갱이 하나하나가 씨앗이래요.
먼저 화분에 흙을 담고, 흙이 흠뻑 젖을 정도로 물을 뿌려요.
그다음 손가락으로 씨앗 크기의 두 배 정도 깊이로 구멍을 파요.
혹시라도 씨앗이 안 자랄 수도 있으니까,
구멍 하나에 씨앗을 두 개씩 심어요.
씨앗을 넣은 구멍에 흙을 덮어 주면 끝!

흙이 마르면 안 되니까, 매일매일 잘 관찰해야지!

일주일이 지나니 새싹이 쑤욱 나왔어요.

하루가 다르게 새싹이 쑥쑥 자라요!

옥수수는 새싹도 옥수수 잎처럼 생겼어요.

우리는 차를 타고 집에서 15분 거리에 있는 주말농장으로 갔어요.
우리 가족은 해마다 주말농장에서 상추, 깻잎, 치커리,
방울토마토, 고추 같은 싱싱한 채소를 길러 먹거든요.
텃밭에서 딴 방울토마토는 새콤달콤하고,
상추도 슈퍼에서 파는 것보다 훨씬 맛있어요!

우리는 텃밭 가장자리에 옥수수를 심기로 했어요.
흙을 불룩하게 쌓아 만든 두둑에 호미로 구멍을 파고 물을 듬뿍 부어요.
잘 자란 모종을 골라서 하나씩 구멍 속으로 쏙 밀어 넣고,
흙으로 살포시 덮어 줘야 해요.

5월 5일 아주 심기

집에서 키운 모종을 텃밭에 옮겨 심었다.
화분 하나에 새싹이 두 개씩 나왔는데, 뿌리까지 얽혀서
떨어지지 않았다. 그래서 작은 새싹은 잘라 내고,
잘 자란 새싹 하나만 텃밭에 심었다.
예전에는 옥수수 씨앗을 밭에 직접 심다 보니,
까치나 비둘기가 파 먹는 일이 많았다고 한다.
그래서 요즘에는 모종을 따로 길러 밭에 옮겨 심는단다.
이게 바로 '아주 심기'

옥수수가 잘 자라려면 흙이 촉촉해야 해요.
수요일에는 엄마가, 주말에는 내가 물 당번이에요.
갈 때마다 옥수수가 쑥쑥 자라 있어요.
내 허리만큼 컸을 때 꼭 해 줘야 하는 일이 있어요.
곁가지 따기와 웃거름 주기예요.

"엄마, 곁가지를 왜 따요?"
"곁가지는 줄기에서 뻗어 나온 작은 가지인데,
이걸 따 줘야 줄기에 영양이 잘 가서 튼튼하게 자라거든."
옥수수가 잘 자라라고 거름도 듬뿍 줘요.

거름은 뿌리에 닿지 않게
사이사이 뿌려 줘야 한다.

5월 29일 곁가지 따기와 웃거름 주기

아주 심기를 하고, 2~3주가 지나면
곁가지가 두세 개 정도 나오는데,
줄기만 남기고 곁가지는 꼭 따 줄 것!

옥수수는 영양분이
많이 필요하기 때문에
아주 심고 나서 3주 간격으로
웃거름을 줘야 한다.

오늘은 하루 종일 비가 와요.

엄마는 주말농장을 가꾸면서 비 오는 날이 부쩍 좋아졌대요.

비가 오면 물 주러 가지 않아도 채소들이 싱싱하게 잘 자라니까요.

우리 옥수수도 이 비를 맞고 잘 자라겠죠?

어느새 옥수수가 내 키보다 더 자랐어요.
어, 옥수수 이삭도 열렸네요!
한 대에 네다섯 개씩이나요.
우리 가족 모두 배불리 먹을 수 있겠어요.

"옥수수 이삭이 잘 열렸구나.
옥수수는 한 대에 두세 개씩만 키워야 알이 굵고 잘 자라."
어느새 농장 사장님이 다가와서 옥수수 이삭을 뚝!

힝, 내 옥수수!

옥수수에 하얀 수염이 나기 시작했어요.
"엄마, 옥수수는 꽃이 어디 있어요? 열매는 어떻게 열려요?"
"그러게. 엄마도 옥수수는 처음 키워 봐서 잘 모르겠는데."

"어디 보자, 옥수수 맨 위에 벼 이삭처럼 생긴 게 수꽃이야.
우리가 먹는 부분은 암꽃이 자란 건데,
옥수수 이삭 위에 있는 하얀 수염이 암술대란다.
바람이 불면 수꽃 속 꽃가루가 날리고,
그게 이웃한 옥수수의 수염에 묻어서 수정이 되는 거지.
이렇게 옥수수를 조금 심으면 수정되기 쉽지 않으니까
물 주러 올 때마다 옥수숫대를 잡고 흔들어 줘야 해."

"옥수수염에는 솜털이 있어서
꽃가루가 붙으면 잘 떨어지지 않아.
옥수수염에 꽃가루가 묻으면 옥수수 알갱이가 생겨나지.
엄마 배 속에서 엄마와 아기를 연결해 주는 탯줄처럼
옥수수염 한 올 한 올이 옥수수 알갱이
한 알 한 알이랑 이어져 있는 거야."

신기하네!

옥수수염 한 올이
옥수수 알갱이 하나라니!

드디어 7월 21일.
하얀 수염이 난 지 25일이 지났어요.
이제 옥수수를 수확해도 되겠지요?
"엄마, 하얀 수염이 난 지 25일째예요!
우리 옥수수, 다 익지 않았을까요?"
"그래, 오늘 물 주러 갔을 때 보니까
옥수수수염이 진한 갈색이 되었더라.
이번 주말에 옥수수 따러 가 볼까?"
"좋아요!"

토요일 아침이에요.
그거 알아요? 이른 아침에 딴 옥수수가 가장 달고 맛있대요.
우리는 졸린 눈을 비비며 서둘러 주말농장으로 갔어요.

야호, 우리 옥수수 잘 익었네!

텃밭으로 가서 보니 진한 갈색으로 변한
옥수수염이 밑으로 축 처져 있었어요.
껍질을 살짝 벗겨 손으로 꾹 눌러 보니 속이 꽉 찼어요.

잘 익은 옥수수를 하나씩 조심스레 땄어요.

"엄마, 이거 봐요!"

옥수수 껍질을 까 보니 알갱이가 알록달록해요.

분명 노랑 찰옥수수를 심었는데…… 어떻게 된 거죠?

"아이고, 우리 옥수수 꽃가루가 묻었나 보네.
할머니는 보라색 찰옥수수를 심었거든.
우리 옥수수 꽃가루가 바람에 날아가서
꼬마네 옥수수가 알록달록해졌나 보다."
이웃 텃밭 할머니가 우리 밭을 넘겨다보며 말씀하셨어요.
왠지 이 옥수수는 더 특별한 것 같아요!

뚜껑을 꼭 덮고 센 불에서 30분 동안 삶아요.
그런 다음 불을 끄고 10분쯤 뜸을 들여요.

옥수수에 대해 더 알아볼까요?

수꽃
줄기 끝에 노랗게 펴요. 수꽃 속에는 꽃가루가 들어 있지요. 벼나 수수와 비슷하게 생겼지만, 낟알이 들어 있지는 않아요.

잎
길고 조붓한 잎은 줄기에 어긋나게 달려요. 수꽃에서 날아온 꽃가루가 이 길고 조붓한 잎에 붙었다가 옥수수염으로 옮겨 가기도 해요.

수염(암술대)
옥수수 껍질 안에 있는 암꽃과 이어져 있어요. 꽃가루받이를 잘 하려고 길게 늘어져 있지요. 처음에는 하얀빛을 띠다가 꽃가루받이가 되면 붉은빛을 띠어요.

암꽃
잎겨드랑이에 달리는 암꽃은 수꽃보다 이틀 정도 늦게 펴요. 같은 그루의 수꽃이 날려 보낸 꽃가루보다는 다른 옥수수 그루가 날려 보낸 꽃가루를 받으려고요. 이것을 '타가수분'이라고 하는데, 다른 그루의 장점을 받아들여 더 튼튼한 열매를 맺으려는 것이지요. 암꽃이 자란 게 바로 우리가 먹는 옥수수예요.

줄기
옥수수 한 그루당 한 줄기만 자라요. 보통은 3미터정도 자라는데, 6미터까지 자라는 것도 있어요.

암수한그루
옥수수는 수꽃과 암꽃이 한 그루에서 피는 '암수한그루'예요. 오이, 호박, 수박, 참외, 밤나무도 한 그루에 암꽃과 수꽃이 모두 있지요. 암꽃과 수꽃이 각각 다른 그루에서 피는 것을 '암수딴그루'라고 해요. 시금치와 은행나무가 대표적인 암수딴그루 식물이랍니다.

풍매화
옥수수 수꽃에 있는 꽃가루는 바람을 타고 암꽃에게 가요. 그러면 꽃가루받이가 이루어져 옥수수 낟알이 맺히지요. 이렇게 바람이 꽃가루를 전달하여 꽃가루받이가 일어나는 꽃을 '풍매화'라고 해요. 풍매화의 꽃가루는 대부분 가벼워서 바람에 잘 날려요. 그런데 옥수수의 꽃가루는 크고 무거워서 꽃가루받이가 잘 되게 하려면 사람이 대를 흔들어 줘야 해요.

받침뿌리
땅 위에서 줄기를 둘러싸고 있어요. 아무리 강한 바람이 불어도 옥수수가 쓰러지지 않게 해 주지요.

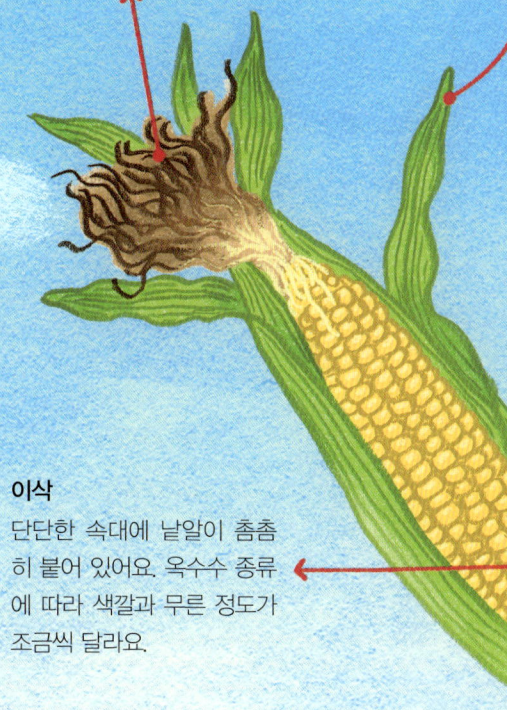

수염
옥수수수염은 옥수수가 꽃가루받이를 하는 데 가장 큰 역할을 해요. 콜레스테롤을 낮춰 주고 부기를 빼 주어서 약재로도 많이 쓰이지요.

껍질
옥수수 이삭을 겹겹이 둘러싸서 비바람이나 해충으로부터 보호해 줘요.

이삭
단단한 속대에 낟알이 촘촘히 붙어 있어요. 옥수수 종류에 따라 색깔과 무른 정도가 조금씩 달라요.

알갱이
녹말과 씨눈으로 이뤄져 있어요. 옥수수 알갱이는 씨앗이기도 하지요. 특히 씨눈에는 영양분이 가득하니까 꼭 챙겨 먹어요.

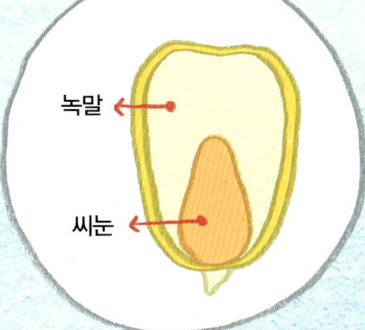

녹말
씨눈

찰옥수수
우리가 간식으로 가장 많이 먹는 옥수수예요. 차진 맛이 특징이지요.

단옥수수
단맛이 강한 옥수수예요. 말리면 알갱이가 쭈글쭈글해져요. 단옥수수로는 통조림을 많이 만들어요.

초당 옥수수
단옥수수의 한 종류예요. 우리가 먹는 옥수수 중에서 가장 달지요. 수분을 많이 머금고 있어서 익혀도 설컹거려요. 생으로 먹어도 돼요.

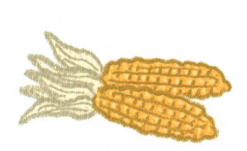 

튀김 옥수수
팝콘을 만드는 옥수수예요. 알갱이가 작고 껍질이 얇아서 잘 튀겨져요.

직접 기른 옥수수, 어떻게 하면 맛있게 먹을 수 있을까요?

바로 딴 풋옥수수는?

따자마자 바로 먹어야 제맛이지!

가장 맛있게 먹으려면 수확한 뒤 바로 삶아 먹기!

다 못 먹고 남은 옥수수는?

삶은 뒤 한 번에 먹을 만큼 비닐봉지에 넣어서 냉동실에 보관하거나, 삶은 옥수수의 알갱이만 떼서 얼려요. 먹고 싶을 때마다 꺼내서 옥수수밥이나 콘치즈 따위를 만들어 먹어도 좋아요.

옥수수밥
쌀 위에 옥수수 알갱이를 올려 밥을 지으면 맛있는 옥수수밥 완성!

콘치즈
해동한 옥수수 알갱이에 설탕, 마요네즈, 소금을 넣고 버무려요. 달군 프라이팬에 버터를 두르고, 버무린 옥수수를 볶아요. 볶은 옥수수 위에 치즈를 올린 뒤 뚜껑을 덮어요. 치즈가 녹으면 달콤 고소한 콘치즈 완성!

나중에 먹고 싶을 때 꺼내 먹어야지!

수확 시기를 놓친 옥수수는?

옥수수 두 개를 껍질끼리 묶어서 말리자.

까맣게 색깔이 변한 부분은 잘라서 버려야 해.

껍질을 벗겨 바람이 잘 통하는 곳에서 말려요.

수염은 따로 채반에 말려요.

딱딱해진 옥수수는 알갱이와 속대를 분리해요.

알갱이

속대

수염

볶아서 옥수수차를 만들어요.

옥수수속대차를 만들어요.

볶아서 옥수수수염차를 만들어요.

뻥튀기 가게에 가져가서 강냉이를 해 먹을 수도 있어요.

잇몸이 아플 때 마시면 좋아요.

피부에 좋아요.

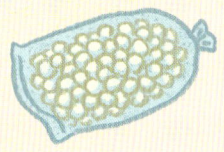